Im Körper eines Invaliden

Der Dunkle Gedichtband

Im Körper eines Invaliden

Der Dunkle Gedicht-Band

René Backhaus

Bibliografische Information der Deutschen Nationalbibliothek: Die Deutsche Nationalbibliothek verzeichnet diese Publikation in der Deutschen Nationalbibliografie; detaillierte bibliografische Daten sind im Internet über dnb.dnb.de abrufbar.

© 2021 René Backhaus
Cover- und Layoutgestaltung:
Nadja Rauch

Herstellung und Verlag: BoD – Books on Demand, Norderstedt

ISBN: 9783754305836

Triggerwarnung

Dieser Band enthält Gedichte über Blut, Gewalt, Mord, Selbstverletzung, Sucht, Suizid und Tod, die einige Leser:innen beunruhigend finden könnten. Lesen auf eigene Verantwortung

Inhalt

Es

Meine Nächte sind so leer,
liebend gerne würd' ich mehr.
Doch um mehr hier zu bekommen,
hat Es mir nun viel genommen.

Die Form mich einfach zu bewegen,
klar zu seh'n, zu überlegen.
Die nahm Es mir von hinten 'rum.
Machte mich letztendlich dumm.

Doch noch kann ich mich stolz erheben,
auch wenn die Beine dabei beben.
Es wird mich niemals niederreißen,
mich gar auf den Rücken schmeißen.

Es kann mir nicht mehr Kummer machen,
da ich über Es muss lachen.
Doch um zu wissen, was Es ist,
was jeder hier sehr oft vergisst,
das ist was man sich nun fragt,
die Antwort auf das was Es sagt.

Eine Frage

Die Welt ist groß und ungerecht,
ich mache sie nur ungern schlecht.
Denn was sie mir geboten hat,
ist Liebe und Freude, jedoch keine Kraft.

Ich hab' keine Kraft mehr mich zu waschen,
hab' kein Geld mehr in den Taschen.
Ich hab' keine Kraft mehr, um zu Laufen,
muss öfter stoppen, um zu verschnaufen.

Ich hab' keine Kraft mehr, um zu Gehen.
Ich lass' mich Schieben, seh' Leute stehen.
Ich hab' keine Kraft mehr zu beobachten,
wie die Menschen sich mehr und mehr verachten.

Ich hab' keine Kraft mehr, um zu verstehen,
warum alle Menschen aneinander vorbei gehen.
Ich hab' keine Kraft mehr und keine Lust,
um zu verstehen, der Menschen bitteren Frust.

Zieht man alles nun zusammen,
steigt in mir nun das Verlangen.
Die Menschen hier mal wachzurütteln,
die Köpfe ordentlich durchzuschütteln.

Jeder Mensch, der geht vorbei
und der dann noch sagt dabei,
dass das Leben schwierig sei,
trotz dessen, dass er ist doch frei.

Würde ich sagen, er solle achtgeben
und sich erfreuen an seinem Leben.
Er sollte sich daran erfreuen,
dass er braucht nicht die Menge scheuen.

Doch ob er es dann auch versteht,
seh' ich, wenn er wirklich geht.
Hier an mir mal wieder vorbei,
und den Kopf trägt hoch dabei.

Doch diese Form der Akzeptanz,
finde ich hier niemals ganz.
Die Menschen hassen sich halt selbst,
doch merkst du es erst, wenn du tief fällst.

Fehler

Wer stellt heut' die Regeln auf,
so wie das Leben nimmt seinen Lauf?
Ist es Gott, der hier bestimmt,
wie alles seinen Lauf so nimmt?

Denn ist er es, so ist es mies.
Seine Regeln furchtbar fies!
Doch viele schieben ihre Pein
auf den Teufel, es wäre fein,

Die Last auf ihn einfach zu schieben.
Wären sie bei sich geblieben.
Wer lebt heut' noch nach seinem Glauben?
Wer ließ ihn sich noch nicht rauben?

Wer darf reinen Gewissens sagen,
er sei brav, ohne zu fragen
wie er wohl für andere sei?
Doch das wär' denen einerlei.

Denn nette Menschen sterben aus.
Ich schau nur zum Fenster 'raus.
Und was ich seh', stimmt mich nicht gut,
denn ich verlier' den Lebensmut.

Warum die Menschen sich verletzen
und die Welt in Schreck versetzen,
das wagt niemand hier zu fragen,
denn was sollt' man darauf sagen?

Alles was nämlich geht kaputt,
liegt nicht am Teufel oder Gott.
Es liegt nur an jeden selbst,
doch merkst du's erst, wenn du tief fällst.

Dann erst wirst du wirklich sehen,
wie Menschen mit sich selbst umgehen.
Denn Fehler sucht man nur bei sich.
Schau nur mal in dein Gesicht.

Wofür lebt man?

Was der Herr der Menschheit denkt?
Was er uns für Leiden schenkt,
das weiß niemand hier zu schätzen.
Wer würd' sich damit verletzten?

Wenn er Schande über ihn spricht,
sich damit die Knochen bricht?
Man würd' ihn quälen, ihn verspotten
bis sein Leben wär' verrotten.

Alle denken dann nur an sich,
was sie damit tun, versteh'n sie nur nicht.
Denn fügt man Leid dem Nächsten zu,
wird nie kommen ew'ge Ruh'.

Stehen sie dann vor dem Herrn,
wird er ihnen den Rücken kehren.
Er wird nicht fragen: Warst du gut?
Selbst wenn du hattest Lebensmut.

Du hast ihn genutzt, jedoch nur für dich.
Hattest nie ein kleines Licht.

Die Harmonie zwischen Gut und Böse

Es gibt nichts mehr, alles ist aus.
Aus meinem Trott komm' ich nicht mehr raus.
Das Elend wird größer, die Lust wird zum Schmerz.
Der Hohlraum in mir, wo einst war mein Herz,
hat sich gefüllt mit Hass und Verdruss.
Ich frage mich häufig, ob das so muss?

Doch auf diese Frage, find' ich keine Antwort.
Ich bin wieder hier an dem dunklen Ort.
Der Ort, der mich gefangen, wird immer dunkler.
Er kommt mir vor wie ein dichter Bunker.
Bin ich aus ihm raus, ist mein Leben schön.
Bin ich wieder drin, kann ich nichts seh'n.

Es zerreißt meine Träume, mein Laster, den Sinn.
Ich hasse es zu sein im Bunker drin.
Du elender Bastard, du hast mich verflucht.
Ich bin nicht rein und auch nicht betucht.
Doch weiß mich zu wehren, ich hab' keine Angst.
Auch wenn du grausige Taten verlangst.

Den einen Gefallen, wirst du nicht erleben.

Denn meine Hände beginnen zu beben.

Ich weiß mich zu wehren – du glaubst mir nicht?

Ich werd' dich zerreißen – du elender Wicht!

Kann keiner mehr kommen, um dich zu retten.

Wirst du zerstört, darauf kannst du wetten.

Denn ich bin es leid auf dich zu hören.

Ich werd' dich töten, werd' dich zerstören.

Du kannst mich nicht stoppen, kannst mich nicht besiegen.

Ich sage dir jetzt, ich werde dich kriegen!

Dein Ende ist nah, ich werd' dich erlegen.

Werd' deinen Körper zu den anderen legen.

Du wirst verfaulen, wie all' deine Toten.

All deine Führer, deine Dispoten.

Ich schlag' mich heraus aus deiner Welt,

auch wenn es dir überhaupt nicht gefällt.

Ich werde siegen, das sei Gewiss.

Denn ich habe ihn, den nötigen Biss.

Bist du im Weg, mach' ich dich nieder.

Und singe am Ende meine Jubellieder.

Du bist am Ende und wirst es auch bleiben.

Auch wenn ich muss dich dafür aufschneiden.

Ich nehm' deinen Kopf, werf' ihn von der Brücke.

Nehm' einen Stein, um zu füllen die Lücke.

Reiß' dich auseinander, bring' dich zur Strecke.

Zerstör' dich, piss' auf dich, bring' dich um die Ecke.

Dann ist es vorbei, ich darf endlich sterben.

Darf Gott entrinnen und seinem Verderben.

Schmerzerfüllt

Ich kann nicht mehr, ich will hier raus.
Raus aus meinem finsteren Haus.
Mein Haus, das ist zwar wunderschön
für andre Leute anzusehen.

Es hat Fenster und auch Wände
mit Tapeten ohne Ende.
Schön ist es auch eingerichtet.
Ich hab dabei auf nichts verzichtet.

Der Boden ist ausgelegt mit Parkett.
Ich dachte damals es wäre nett,
die Decke mit Gold einfach anzustreichen.
Dafür musste das Silber weichen.

Die Küche so schön, das Wohnzimmer groß.
Von meinem Haus, da will keiner los.
Nun fragt man sich, warum will er
aus seinem Haus – spinnt denn der?

Das Problem ist nicht das sichtbare Haus.
Hier, da möchte ich niemals raus.
Das Haus was ich meine hat keine Fenster.
Es scheint gebaut durch böse Gespenster.

Es hat keine Türen, hat keinen Glanz.
Zerfällt mehr und mehr, bis es ist weg – ganz.
Es hat einen Boden und eine Decke,
dazu vier Wände in denen ich verrecke.

Es war zwar einmal eingerichtet.
Doch mit der Zeit hab' ich es vernichtet.
Die Decke ist schwarz, der Boden grau.
Wie alles endet, weiß ich genau.

Bewohnt wird das Haus von meinem Herz.
Doch nicht allein, sondern mit all dem Schmerz,
der sich hat über Jahre gesammelt,
hat das Haus verriegelt und verrammelt.

Ich will hier raus und das recht bald.
Doch bevor ich es schaffe, bin ich zu alt.
Um das Haus endlich zu verlassen,
ich beginn es zu lieben, nicht mehr zu hassen.

Mein Laster

Sieht mich jemand, kennt mich keiner.
Mein Freundeskreis wird immer kleiner.
Sie kehren mir den Rücken zu,
ich hab dadurch meine Ruh'.

Könnte ich das alles richten,
würde ich die Welt vernichten.
Ich würd machen, dass sich jeder mag,
von heute bis zum letzten Tag.

Doch geht das alles leider nicht,
dafür bin ich ein zu kleiner Wicht.
Wenn ich sehe wie hier jeder geht,
mit beiden Beinen im Leben steht.

Beginn' ich zu weinen, doch sieht man es nicht.
Ich fühle nur, wie mein Herz dran zerbricht.
Doch interessiert sich keiner für meine Pein,
obwohl ich lieber bin ganz allein.

Mich interessiert nicht was jemand will,
wenn jemand neben mir sitzt und ist still.
Ich hab' genügend Laster zu tragen,
da bleibt mir nichts mehr dazu zu sagen.

Denn wenn ich beginne, hör' ich nicht mehr auf.
Nehme mein Laster ganz einfach in Kauf.

Hinterfrage die Wahrheit

Wer denkt heut' noch wirklich nach,
ob man ihm die Wahrheit sagt?
Reden kann man noch und nöcher,
doch denkt man nach, erkennt man Löcher.

Die Löcher zu füllen, das ist sehr schwer.
Und ob man auch denkt nach drüber sehr,
wird man die Löcher nicht stopfen können.
Versucht man es, könnt man sich verrennen.

Man nimmt es hin, so wie es wurd' gesagt.
Denn wenn man es sonst hinterfragt,
bekommt man keine klare Stellung
und es geht weiter, ohne Erhellung.

Irgendwann fällt das Thema weg.
Es verschwindet nicht, sondern wird nur versteckt.
Denn findet man es plötzlich wieder,
trifft es Einen und man geht nieder.

Spricht man die Person dann darauf an,
ranzt der Betroffene dich nur an.
Tut die Person dies, solltest du wissen
dieser Person nicht trauen zu müssen.

Denn was kommt aus ihrem Mund,
sind nur Lügen und viel Schund.
Glaubst du ihr dann immer noch,
fällst du ganz tief in ein Loch.

Aus diesem Loch kehrst du nie zurück,
wirst nie erleben dein eigen' Glück.
Denn was damals war Vertrauen,
kannst du niemals mehr aufbauen.

Niemand ist immer da

Warum weiß niemand wie ich fühle?
Niemand weiß, was ich grad' spüre.
Niemand macht sich mal Gedanken,
dass ich muss öfter mit mir zanken.

Niemand kann mir recht zusehen,
wie schwer mir fällt, allein das Gehen.
Niemand kann die Angst erkennen,
wenn ich muss wen beim Namen nennen.

Niemand sieht von mir die Schmerzen,
in den Beinen und im Herzen.
Niemand will die Wahrheit sehen
und versucht mich zu verstehen.

Nun fragt sich wer Niemand ist.
Es könnt' gut sein, dass du es bist.
Bist du es, dann komm zu mir.
Helfe bitte mir und dir.
Denn sollte Niemand bei mir sein,
wär' ich dennoch nicht allein.

Hören worauf?

Wer versteht heut' noch die Qual?
Wer lässt wem heut' noch die Wahl?
Wer fängt nicht lauthals an zu lachen,
wenn zwei Liebende sich krachen?

Ist Geld alles was heut' zählt?
Alles wonach man nur wählt?
Ist das was der andre hat,
nicht, dass man nach Liebe fragt?

Gäbe es die Liebe nicht,
man sich nur in sich verkriecht.
Wär' alles leichter zu ertragen.
Man müsste dann nicht mal mehr fragen,
ob jemand was für uns empfindet,
da er wieder schnell verschwindet.

Doch ohne Liebe stirbt die Welt,
mehr und mehr sie dann zerfällt.
Ich zweifle stark an wahrer Liebe,
glaube, dass es sind nur Triebe.

Denn wer die Liebe wirklich lebt,
sie für ihn ganz vorne steht.
Der wird für sich wohl viel erreichen,
doch die Liebe muss dann weichen.

Wenn er will noch mehr erreichen,
setzen will ein großes Zeichen.
Dann steht die Liebe nicht mehr vorn,
da größer wird bei euch der Zorn.

Denn das was ihr durch die Liebe erreicht,
nie von eurer Seite weicht.
Kann nur eines dann zerstören,
wenn ihr auf den Zorn wollt hören.

Vereiste Gefühle

Mein Herz ist nicht rein, doch auch nicht beschmutzt.
Ist nicht ausgelastet, scheint nicht benutzt.
Es ist voller Liebe, trotz dass es ist kalt.
Wird es genutzt, bevor ich bin alt?

Wer kann mein Herz letztendlich erwärmen,
wird sich nicht weit von mir entfernen.
Wer schafft es zu knacken, mein vereistes Herz,
und zu vertreiben, den bitteren Schmerz?

Der sich hat gesammelt in dieser Zeit,
und der ausgeprägt ist, wirklich weit.
Dieser Schmerz, er wird immer mehr,
und ob ich auch weine und jammere sehr.

Der Schmerz wird nicht gehen, er bleibt hier bei mir.
Doch dieses Gefühl ist für mich eine Tür.
Diese Tür zeigt mir einen Weg,
den jeder Mensch sehr gerne geht.

Er zeigt mir, dass ich noch lebe
und noch nicht nach dem Tode strebe.

Das Ufer

Leute, die an mir vorbeigehen
und auf mein Äußeres sehen.
Gehen vorbei, beginnen zu lachen.
Wissen nicht, was sie damit machen.
Nach Außen interessiert's mich nicht,
doch innerlich zerbreche ich.

Menschen, die mich gar nicht kennen,
die mich 'nen Idioten nennen.
Wissen sie nicht, was sie verpassen,
wenn sie mich zwingen, sie zu hassen.
Eigentlich sehen sie nur das
was sie wollen, meinen Hass.

Der sich gegen alle stellt,
die verschandeln diese Welt.
Wo ich wirklich gerne lebte,
als ich noch nach wenig strebte.
Doch heute sieht es anders aus,
weil ich nichts gemacht hab' draus.

Aus den Dingen, die ich konnt' gut,
denn ich verlor den Lebensmut.
All die Angst, all den Ärger, all den Frust,
den ich unterdrücken muss.
Werde ich bald nicht mehr spüren,
denn ich lasse mich verführen.

Zu einem Leben, das ich nicht will.
Doch dann steht es endlich still.
Keiner lacht mehr über mich,
ein Ufer ist endlich in Sicht.
Bin ich nun dort angekommen,
habt ihr mir alles genommen.

Ich senk' den Kopf, trag ihn nicht hoch.
Denn wer macht das heute noch?
Ich gehe nur noch einen Weg,
der den jeder andere geht.
Doch was tue ich dabei?
Ich bin letztendlich nicht mehr frei.

Ich laufe wieder in den Fluss,
da ich was für mich tun muss.
Denn als ich an das Ufer kam,
stand ich nicht mehr meinen Mann.

Es war nichts mehr für mich in Sicht,
denn ich verlor mein kleines Licht.

Erloschen

Warum geht alles an mir vorbei?
Warum ist's mir einerlei,
was in dieser Welt passiert,
wenn jemand Jemanden verliert?
Trauer zeigen, kann ich nicht.
Trotz dass ich verlor mein Licht.

Das Licht es schien zwar leuchtend hell,
doch erlosch es rasend schnell.
Geh' ich jedoch tief in mich,
um zu blicken auf mein Licht.
Das loderte und auch stark brannte,
ich das Wasser aber nie erkannte.

Sehe ich denn nur noch Pfützen,
die mir heute nichts mehr nützen?
Wasser war schon früher da,
doch das Feuer brannte klar.
Trotz dessen, dass es wollt erlischen.
Doch das Feuer konnt' entwischen.

Von dem Wasser, das ihm drohte
und in seinem Innern tobte.
Es war stark und brannte weiter,
ich war dadurch scheinbar heiter.
Doch blicke ich nun auf die Asche,
da tief in der Seitentasche.

Fällt mir nun die Menge auf,
und ich nehm's einfach so in Kauf,
dass das Feuer nicht groß war.
Und mir wird so langsam klar,
dass ich mir lang' was vormachte,
dennoch über alles lachte.

Keine Rechenschaft

Der Schmerz im Kopf, er bringt mich um.
Ihr mögt zwar denken, ich sei dumm.
Zu fühlen wie mein Kopf zerbricht,
doch weine und verzag' ich nicht.
Ich bleibe stark und werd' mich wehren,
gegen Schmerzen, die mich zehren.

Ich geh' in mich und schreib' Gedichte,
lass' mich dabei vom Herrgott richten.
Er versucht es mich zu schaffen
und mein Leben hinzuraffen.
Doch packen wird er es niemals,
dafür sorg' ich jedenfalls.

Ich werd' mich rächen irgendwann,
und ist die Zeit gekommen dann,
dass ich muss stehen mal vor ihm,
werde ich nicht niederknien.
Ich werde toben, werde fluchen,
eine schwache Stelle suchen.

Find' ich sie, dann ist er dran.
Steht nie wieder seinen Mann.
Macht das Leben mir zur Qual,
ich hab leider keine Wahl.
Mit den Schmerzen mit der Pein,
lässt er mich hier ganz allein.

Doch steh' ich vor dem Herrscher dann,
in vielen Jahren irgendwann.
Muss ich ihm sagen, ich war brav.
Damit er mich nicht strafen darf.
Ich werd' ihn anseh'n, voller Boshaft.
Ich schuld' ihm keine Rechenschaft.

Das sag' ich ihm und werd' ihn strafen.
Ich reiß' die Saiten aus den Harfen.
Ich schling' sie um den alten Kopf,
und schneid' ihn ab den grauen Schopf.

Doch bis es alles soweit ist,
du in Gedanken mich vermisst,
geht noch sehr viel Zeit ins Land,
solange halt' ich deine Hand.

Die Symphonie des Grauens

Im Herbstwind liegt ein stummer Schrei,
die Leute eilen schnell herbei.
Sie sehen, was noch übrig ist,
von dem, was ihre Liebsten frisst.
Es flieht von dannen, eilet sehr.
Weiß irgendwann, es kann nicht mehr.

Doch zur Rast, ist keine Zeit
und bis nach Hause, ist's noch weit.
Über Stöcker, über Steine,
die Bestie, bricht sich beide Beine.
Sie liegt am Boden, steht nicht auf,
obwohl ihr ihr Instinkt sagt 'Lauf!'

Die Bestie, sie ringt nach Luft.
Und plötzlich da – ein fremder Duft!
Die Bestie, sie kennt den Wald.
Doch diesen Ruf, der plötzlich hallt,
hat sie im Leben nie gehört.
Sie fühlt sich davon arg gestört.

Sie richtet sich auf, trotz gebrochener Beine.
Und denkt immer noch sie sei alleine.
Doch plötzlich, da sticht es scharf durch ihre Brust.
Die Bestie schreit, fühlt bitteren Frust.
Dem Ende sehr nah, dem Leben fast fern.
Die Bestie schreit, verursacht schrecklichen Lärm.

Das Schwert wird gedreht, das Herz wird zerstört.
Die Bestie schreit, so dass es jeder hört.
Zu den Verfolgern, da dringt dieser Schrei.
Sie bleiben stehen, und lauschen dabei.
Wie dieses Monster nun endlich verreckt.
Und ihre Seele in die Unterwelt schickt.

Doch während des Schreiens, bemerkt leider keiner.
Der Wald, in dem sie stehen, er wird immer kleiner.
Der Wald, der verschwindet, doch nicht ganz allein.
Er verschlingt zusätzlich eintausend Gebein.
Man munkelt bis heut' noch 'Kann sowas sein?'
Ich weiß es zwar, doch es ist geheim.

Nur so viel noch zu dieser Legende:
Beginn' ich zu schreien, ist alles zu Ende.

Kleiner Wicht

Sag', wie lange hab' ich noch?
Kann nicht mehr, ich muss jedoch.
Es gibt so viele, die mich brauchen,
die in meinen Stapfen laufen.

Sie mögen und sie brauchen mich,
und hassen und verachten dich.
Ihnen geht es so wie mir,
sie hassen dich, das schwör' ich dir.

Ist deine Herrschaft bald vorbei,
wird's besser hier, und mit 'nem Schrei
wirst du vom Himmel niederfahren,
und deine Schmerzen hier erfahren.

Du wirst dich winden und wirst fluchen,
und nach deinem Ende suchen.
Finden wirst du es niemals,
dafür sorg' ich jedenfalls.

Du bekommst gerechte Strafe.
Warst niemals der liebe Brave,
als den du dich hast hingestellt,
als Herrscher dieser tollen Welt.

Du hast geschaffen uns nach dir.
Was bist du für ein krankes Tier?
Menschenmordend, kinderschändend,
geht es weiter, unbeendet.

Doch diese Schmach wirst du ertragen,
von jungen bis in alten Tagen.
Du sollst spüren, was es heißt,
wenn's dich ganz nach unten reißt.

Du sollst liegen dort am Boden.
Voll Rache sollst du letztlich toben.
Du sollst verstehen, wie es ist,
wenn du ganz alleine bist.

Dann erst kannst du gütig walten,
offen, ehrlich dich verhalten.
Vorher geht das alles nicht,
solang' bist du ein kleiner Wicht.

Abschied von der großen Lüge

Ich bin geschafft und total leer,
schreie heraus: Ich kann nicht mehr!
Es ist nur keiner hier, der es hört.
Es gibt auch keinen, den es stört.

Dass ich vegetiere, vor mich hin.
Da ich ganz alleine bin.
Meine Liebe, die hier sein sollte,
ist nicht hier, obwohl ich es wollte.

Sie ist weg, dadurch nicht bei mir,
obwohl ich ihr sagte: Bleib bitte hier.
Sie ist gegangen, nicht bei mir geblieben.
Ich weiß nicht mehr, soll ich sie lieben?

Sie lässt mich alleine mit all dem Schmerz,
der sich hat gesammelt in meinem Herz.
Ich sitze ratlos hier auf der Bank,
werd' durch das Alleinsein unheilbar krank.

Vieles kann man sich erdenken,
sowie ihr die Liebe schenken.
Was man eigentlich gar nicht muss,
denn es ist schon lange Schluss.

Mit dem was einst die Liebe war,
bereits seit über einem Jahr.
Denken wird man sich jedoch,
dass Liebe Vorhandensein könnte noch.

Doch dieses Gefühl jeden sehr trübt,
Und schreckliche Schmerzen jedem zufügt.
Irgendwann wird jeder verstehen,
das Leben wird dennoch weitergehen.

Trotz dessen, dass es vorbei für dich ist.
Und deine "Liebe", dich ganz schnell vergisst.

Einsamkeit

Ich bin kaputt, was soll ich tun?
Soll ich was reißen oder mich ausruh'n?
Mein Kopf ist leer, ich kann nicht klar denken.
Geht es so weiter, werd' ich mein Leben verschenken.

Es gibt kein Erwachen, kein Licht am Horizont.
Er steht vor mir, wie eine riesige Front.
Kein Lichtblick, kein Trost, nur Kummer und Leid.
Ich weiß nicht mehr weiter, zerstört durch die Einsamkeit.

Sie geht nicht mehr fort, sondern bleibt hier bei mir.
Es gibt keine Fenster, geschweige denn eine Tür.
Ich bin eingeschlossen und fang' an zu schrei'n.
Die Einsamkeit fängt an zu gedeih'n.

Niemand hört mich in diesem Gemäuer.
In mir brennt die Einsamkeit wie ein Feuer.
Es lodert stark, will meinen Geist vernichten.
Fordert mich auf, auf alles zu verzichten.

Doch noch bin ich stark und kann mich wehren.
Könnte ich doch bloß zu meinem Licht zurückkehren.
Fern ist es nicht, doch ich kann nicht zu ihr.
Denn wie schon gesagt, es gibt keine Tür.

Bald nun, da werd' ich tot am Boden liegen.
Die Einsamkeit weiß "Ich werde siegen!".
Doch noch bin ich wach und kann noch denken.
Hab' keine Lust mein Leben zu verschenken.

Bei mir jedoch, da liegt es nicht.
Es ist die Einsamkeit, sie tritt mir ins Gesicht.
Nur noch keuchend, so lieg' ich hier auf den Steinen.
Ich hab keine Kraft mehr und fang' an zu weinen.

Die Einsamkeit kommt und erzählt mir dabei:
»Mit dir stirbt dein Hass und kommt nie wieder frei.«

Der Hass

Der Hass in mir wird immer schlimmer,
doch ich bin allein wie jäh und immer.
Er schnürt mir den Hals zu, ich kann nicht mehr atmen.
Hab' kein Interesse an Christi Erbarmen.

Er ist der Letzte, der mir jetzt noch fehlt.
Es gibt keinen mehr, der auf mich zählt.
Ich bin ganz allein, wär' doch gern bei dir.
Doch es liegt nicht allein nur bei mir.

Der Hass, der mich festhält, lässt mich nicht mehr los,
und während du dies liest, stell ich mich bloß.
Ich öffne mein Herz für dich nur mein Schatz,
denn du kannst vertreiben, den bitteren Hass.

Ich hab ihn gefressen und das richtig tief.
Ihr hörtet mich nicht, auch wenn ich euch rief.
Der Hass stieg zum Kopfe, er wollte noch mehr
Er verletzte mich innerlich, zerstörte mich sehr.

Es war viel zu viel. Was hab ich nur getan?
Ich bin wie verfallen, im eigenen Wahn.
Der Hass wird zur Blutsucht, doch ich kann nichts tun.
Ich leg' mich hin, versuch' mich auszuruh'n.

Ohne Licht ist...

Ist nach langem Hin und Her,
jemand arg beleidigt sehr,
kann man ihm nicht weiterhelfen.
Dann muss er nun mal denselben
Weg einschlagen, wie jeder andere auch,
bis er sich halten wird den Bauch.

Der Bauch der steckt mit Schmerzen voll,
findet es nun gar nicht toll.
Dass seine Freunde, die Zunge, der Mund,
geredet haben viel zu viel Schund.

Diese stört es jedoch sehr,
dass die Leber war der Herr.
Sie wollte noch mehr Alkohol,
als es ihr tat gut und wohl.

Die Leber nun ist jedoch sauer
auf's Gehirn von langer Dauer.
Hätte es nicht zu viel gewollt,
hätt' die Leber nicht gezollt.

Für das was sie getrunken hat,
war doch aber längst schon satt.
Nun muss man sich jedoch mal denken,
was Menschen sich wohl damit schenken.

Sie wissen nicht mal was sie wollen,
wissen nicht mal wann sie sollen
für ihre Fehler gerade stehen.
Kann es denn so weiter gehen?

Sie kennen ihren Körper nicht,
finden nie ihr kleines Licht.
Ohne dies kann man im Leben
nur noch nach Zerstörung streben.

Zum Abschied

Ich bin geschafft, ich kann nicht mehr.
Meine Seele tiefschwarz, einsam und leer.
Ich schreibe so viel und weiß nicht warum.
Manchmal da glaub' ich, ich bin einfach dumm.

In meinem Kopf, da tut sich nicht viel.
Weg von hier, das ist mein Ziel.
Der Geist, er entschwindet – der Körper, er bleibt.
Doch sein bestes Gesicht, er nicht zeigt.

Ramponiert und demoliert.
Mit tiefen Schnitten fein verziert.
Ausgezerrt und völlig zerstört.
Mein Geist er entschwindet, total verstört.

Es geht nun zu Ende, doch ich hab' versprochen
Eins zu bleiben, nun bin ich zerbrochen.
Es geht jetzt zu Ende, ich kann es fühlen.
Versuch' mir die Angst hinunterzuspülen.

Das Blut fließt in Strömen, die Adern sind offen.
Jetzt kann ich nur noch auf's Ende hoffen.
Plötzlich wird schwarz es mir vor den Augen.
Der Tod beginnt das Leben aus mir raus zu saugen.

Er hört nicht mehr auf, bald ist es vorbei
mit meiner Not und der Quälerei.
Ich fang an zu träumen, weiß nun ist es aus.
Der Tod hat das Leben aus mir komplett raus.

Und während ich träume, da hör' ich sie schrei'n.
Knien sich über mein totes Gebein.
Ich lächle zum Abschied ihnen noch einmal zu.
Ihr seid verdammt und ich hab' meine Ruh'.

Dunkle Momente

Hier in deiner dunkelsten Stunde,
bin ich bei dir, um zu küssen die Wunde.
Die dir wurd' zugefügt von seiner Waffe,
von diesem Schwein, dem riesen Affen.

Der sonst als großer Gott wird gepriesen,
der so groß sei wie fünfzehn Riesen.
Er hat uns geschaffen und das nur nach sich,
doch was er damit schuf, versteht Mensch nur nicht.

Denn was er wirklich hat geschaffen,
sind nur viele bunte Affen.
Sie leben aneinander vorbei,
fühlen sich sicher, letztlich auch frei.

Doch wie sicher sie stehen, das wissen sie nicht.
Stehen sie dann vor dem hohen Gericht,
wird der Zorn von Gott sie strafen.
Doch nicht nur den Bösen, sondern auch den Braven.

Nun ist es vollbracht, ich zieh die Klinge raus.
Küss' deine Wunde, bevor es ist aus.

Wache auf

Durch wie viel Wände muss man laufen?
Wann hat man Zeit mal zu verschnaufen?

Wer muss heut' wirklich erleben,
wird es noch ein Morgen geben?

Denn wer nur lebt für den Tag,
nicht an Morgen denken mag,
hat auf dieser Welt versagt
und hat niemals je gewagt.

Einfach nur den Tag zu erwarten,
ihn früh morgens schon zu starten,
um zu sehen wie schön er beginnt,
obwohl man dabei nichts gewinnt.

Denn hat der neue Tag begonnen,
hat er gegen den Alten gewonnen.
Doch wer sieht dies heute noch?
Nämlich niemand und dennoch
will jeder den alten Tag zurück,
da er gefüllt war mit viel Glück.

Doch wenn du hast realisiert,
dass alles hier nur deshalb passiert,
weil der Tag davor es leid war
die Qual zu ertragen, nicht wunderbar,
für alles was wir uns antun,
ohne uns mal auszuruh'n.

Dann denkst du mal darüber nach
und wirst endlich einmal wach.

Was du letztendlich machst daraus?
Du wirst Poet und schreibst es raus.

Was führt uns heute noch zusammen?

Was führt uns heute noch zusammen?
Worum müssen andere bangen?
Was müssen Menschen heute geben,
um zu verschönern unser Leben?
Güte, Freude und ein großes Herz,
können vertreiben manchen Schmerz.
Doch wer denkt heut' noch an sowas?
Wer trauert, wenn der beißt ins Gras?

Wer wollt' sich noch niemals rächen?
Wer könnt' hier vor mir versprechen,
dass sein Leben super ist,
und er Niemanden vergisst,
der ihm mal hat weh getan?
Und in Wut gern und langsam
sein Leben ganz zerstören würde?
Doch da kommt die große Hürde.

Denn das wäre hier verboten,
nicht nur gesetzlich auch durch Gebote.
Doch das hält nicht jeden auf.
Viele Leute hauen noch drauf.
Selbst wenn für ihn wär's schon aus,
und wenn er gelernt hätt' draus.

Dennoch wird es weiter gehen,
doch wenn es dann mal wird gesehen,
von den anderen, die stehen drum 'rum,
muss man sagen, sie sind dumm.
Zu sehen wie ein Mensch zerbricht,
und kümmern sich dann darum nicht.

Nur für mich

Wer legt heut' noch Wert auf Sachen,
die, die unser Sein ausmachen?
Sollte nicht das Leben zählen?
Ohne dies könnt' man nicht wählen
aus den Dingen, die es gibt.
Frau und Kinder, die man liebt.
Doch für Viele gibt's dies nicht.
Keine Hoffnung ist für sie in Sicht.

Nun kommt irgendwann der Tag,
an den man nicht denken mag.
Ist die große Stunde da,
wird es einem langsam klar,
ob man nun hat gut gelebt
oder nur für sich gestrebt.
Bleibt dein Name nun bestehen,
wird dein Leben weitergehen.

Auch wenn es ist schon längst vorbei,
für keinen warst du einerlei.

Heute

Mein Leben das beginnt von vorn,
ist nicht mehr geprägt von Zorn.
Was ich jedoch daraus mache,
das ist meine eigene Sache.

Ob ich nun weiterhin sollt' sehen,
wie wird das Leben weiter gehen?
Oder ich es nun beschreite,
um zu gehen in die Weite.

Doch heute bin ich noch nicht dran.
Mein neues Leben fängt morgen an.

Lebe die Freiheit

Ich danke euch für euren Rat,
wandle ihn um in eine Tat.
Ich danke euch für den Anstoß,
ich danke euch, doch ihr fragt bloß:
Wofür spricht er Dank mir aus?
Glaubt mir, das schreib ich nun raus.

Ich danke euch für all die Pein,
für Schmerz, der schießt mir ins Gebein.
Wenn ich denke nur daran,
wie ihr seid, überkommt mich Scham.
Ihr seid alle voller Neid,
zeigt weder Reue, noch Mitleid.

Ihr kennt alle wenig Scheu,
etwas zu teilen, wär' euch neu.
Ihr wisst nicht was Glauben ist,
weil jeder jeden schnell vergisst.

Was ihr letztlich damit macht,
wird sich ergeben in der Nacht,
die für jeden die letzte sein wird,
wo die letzte Hoffnung stirbt.

Dann ist alles aus und vorbei,
und ihr fragt euch: Wann war ich frei?

Überdenke dein Werk

Wann kam jemand mal zu dir,
fragte nur: Was machen wir?
Wusste nicht, was er sollt' sagen.
Wollte nicht nach morgen fragen.

Denn was morgen wär' gewesen,
könnt' man in der Zeitung lesen.
An dem Tag, der danach kommt,
wo man sich in der Sonne sonnt.

Dann der Tag, der danach ist,
den fast jeder mal vergisst.
Den hat er für sich gebucht.
War dabei doch recht betucht.

Weil er ohne Ahnung war,
für ihn sicher wunderbar.
Denn selbst wenn er hat keinen Plan,
ist es für ihn wie ein Wahn.

Er versucht etwas zu tun,
ohne sich mal auszuruh'n.
Doch kommt mal die Ruhe dann,
in naher Zukunft irgendwann,
dann wird er sein Werk erblicken,
innerlich sich sehr erschrecken,
denn was dadurch ging kaputt,
liegt nun da im tiefen Schutt.
Nun hat er Zeit alles zu richten.
Sein Werk nicht mehr zu vernichten.

Ich schau' in den Spiegel, sage zu mir:
Wann kam jemand mal zu dir?

Trümmerwelt

Hörst du manchmal fremde Stimmen,
die dir sagen, du wirst gewinnen?
Hör nicht auf sie, sie lügen dich an.
Und ganz schnell kriegt das Schicksal dich dran.

Wenn du dann endlich mal solltest begreifen,
dass du schon liegst unter den schweren Reifen,
vom Wagen, den der eine fährt,
der irgendwann mal wiederkehrt.

Dann wird alles sein zu spät,
dein Leben nicht mehr weitergeht.
Vorbei, das ist es aber nicht.
Es dreht sich um ein kleines Licht.

Dieses Licht scheint für dich hell,
obwohl es verglimmen könnt' sehr schnell.
Du denkst zwar, dass es ewig scheint.
Von anderen wird es meist beweint.

Sie denken meist, dass dein Licht
reicht für deine Zukunft nicht.
Doch du wirst bald selber spüren,
das kleine Licht wird dich verführen.

Es ist das einz'ge was dich hält,
hier in deiner Trümmerwelt.
Ohne Zweifel lebst du weiter.
Lebst dein Leben froh und heiter.

Andere verstehen's nicht,
bezeichnen dich als armen Wicht.
Mitleid sprechen sie dir aus
und irgendwann, wenn es platzt 'raus,
wirst du fluchen und mit 'nem Zischen
wird dein kleines Licht erlischen.

Das Licht in dir

Bist du schon mal aufgewacht
und hast dabei an wen gedacht,
den du eigentlich gar nicht kennst,
ihn jedoch beim Namen nennst?

Er weiß alles, wie du auch.
Ein Kribbeln steckt in deinem Bauch.
Es ist die Angst, die in dir wohnt.
Die in deinem Magen thront.

Sie weiß Bescheid, wer dort steckt.
Weiß genau, was er ausheckt.
Sie weiß, was der Mann dort treibt.
Da – tief in der Dunkelheit.

Er versucht dich zu vernichten,
dich ganz einfach hinzurichten.
Doch deinen Körper will er nicht töten,
denn sonst wär' er in schweren Nöten.

Er will deinen Geist und deinen Verstand,
nicht deinen Fuß, geschweige denn deine Hand.
Er will sich in dir ausbreiten,
will deinen Verstand erweiten.

Doch du wehrst dich gegen ihn
und versuchst ihm zu entfliehen.
Schaffen wirst du es nur nicht,
denn er trägt ein kleines Licht.

Dieses Licht brennt in dir hell
und ob du auch läufst sehr, sehr schnell.
Das kleine Licht wird nie ausgeh'n,
denn du, mein Freund, bist schizophren.

Über den Autor

René Backhaus, geboren 1982, lebt mit seiner Frau und ihren zwei Katzen in einem kleinen Dorf. Mit 25 Jahren wurde die Diagnose MS bei ihm festgestellt. Er begann Gedichte zu schreiben, um diese Veränderung im Leben besser zu verarbeiten.